White Eagle

IN DER STILLE LIEGT DIE KRAFT

Aquamarin Verlag

White Eagle Kontaktadressen:

White Eagle Center Deutschland:
Annemarie Libera
Friedenstr. 23a · D-8034 Germering

Schweiz:
Carolina Sommer
Pestalozzistr. 7 · CH-3400 Burgdorf

Titel der englischen Originalausgabe:
»THE QUIETMIND«

Übersetzt von Walter Ohr und Gerti Schmid-Curtius

13. Auflage 1994

Druck: Ebner Ulm
Herstellung: P & P Lichtsatz GmbH, Grafing

ISBN 3-922936-09-1

INHALT

VORWORT

Dieses Buch entstand auf vielfachen Wunsch nach einer Auslese der markantesten Stellen aus White Eagles Reden. Sie sind zusammengestellt worden, um dem Leser Hilfe und Führung in seinen täglichen Erfahrungen und Problemen zu vermitteln. Der Titel des englischen Buches: „The Quiet Mind", ist White Eagles Worten entnommen: „The secret of strength lies in the quiet mind". Der deutsche Titel: „In der Stille liegt die Kraft" ist eine sinngemäße Kürzung dieser Worte.

In dem Buch „Meditation" von Grace Cooke/White Eagle, sind die Eigenschaften einer Meisterseele erwähnt, die sich auch der Schüler auf seinem Weg zur Meisterschaft erwerben muß. Diese Eigenschaften bilden den Rahmen der neun Kapitel des vorliegenden Buches und helfen uns, mutig und weise die kleinen und großen Prüfungen des täglichen Lebens zu bestehen.

Die Eigenschaften der Meisterseele sind in nachfolgendem Satz zusammengefaßt: „Wenn du dich so siehst wie du weißt, daß du sein solltest: beständig, freundlich, liebevoll und gütig gegen alle Menschen und in allen Lebenslagen, tolerant in deiner Haltung gegenüber allen Ansichten, besonders wenn du dich in allen Lebensumständen völlig ruhig, gelassen und ausgeglichen sehen kannst, ruhig und stark — stark um deinen schwächeren Brüdern zu helfen, stark, das richtige Wort zu sprechen, die richtige Tat zu tun, um auf diese Weise zu einem Turm von Kraft und Licht zu werden — wenn du fähig bist, Ungerechtigkeit und Unfreundlichkeit lächelnd zu begegnen, wissend, daß sich alle Dinge letztendlich zum Guten auswirken, und daß immer die Gerechtigkeit am Ende triumphiert — wenn du genügend Geduld und Vertrauen hast, die Auswirkung des göttlichen Planes abzuwarten — wenn du dir vorstellen kannst, so zu werden — dann weißt du einiges über Meisterschaft".

White Eagle spricht nicht aus unerreichbarer Höhe, sondern wie

einer, der selbst während vieler Inkarnationen den Erdenweg gegangen ist. Er redet mit Autorität, doch gleichzeitig mit echter Liebe und wahrhaftem Verstehen, oftmals mit Humor, stets konstruktiv, nie kritisch. Wer seinem Weg folgen will, wird zumindest Trost und Stärkung, und im besten Fall vollkommenes Glück finden.
Laßt uns nie vergessen, daß wir nicht allein wandern. White Eagle sagt: „Wenn der Schleier zur Seite gezogen werden könnte, wäret ihr glücklich und dankbar in der Gewißkeit, daß eure älteren Brüder im Auftrag Gottes nahe heran kommen, um euch bei eurem Aufstieg zu helfen. Versucht, ihren warmen Händedruck zu fühlen, ihre Hand auf eurer Schulter zu spüren, ihr großes Verstehen zu empfinden. Euer geistiger Lehrer und Führer kennt jede eurer Bestrebungen und jede Schwierigkeit, die ihr ertragen müßt. Er kennt eure innersten Nöte und wird euch „auf grüne Auen und zu frischen Wassern führen".
Durch eure Liebe und euren Glauben an Gottes Liebe, durch euren Glauben an die Liebe selbst, könnt ihr die Brücke schlagen, auf welcher wir zu euch gelangen können. Stellt euch euren Meister schlicht, natürlich und liebend vor. Je einfacher ihr selber seid, desto besser erkennt ihr seine wahre Natur. Er lächelt euch entgegen und oft zwinkern seine Augen mit feinem Humor. Wenn ihr an ihn denkt, erinnert euch an seine Augen, seinen Humor und sein weises Verstehen.
Alles was Gott von dir, Seinem Kind, erwartet, ist deines Herzens Hingabe an IHN und alles Gute. Gott ist Liebe und der Mensch, der liebt, kennt Gott und tut Seinen Willen. IHM sind alle Dinge möglich. Habe Geduld und fahre fort Gott zu dienen.

Grace Cooke

DIE MEISTERSEELE IST BESTÄNDIG

In der Vorstellung Gottes ruht das Bild des vollkommenen Menschen. Das Bild Seines Sohnes Christus — dein Bild. In Gottes Augen bist du nicht das irrende und schwache Kind der Erde. Gott hält dich immer in Seinen Gedanken als vollkommene Gestalt, als den Christusmenschen, erschaffen nach Seinem Ebenbild.

HILFE VON OBEN

Wenn du unentwegt auf dem Pfad bleibst, auf welchen deine Füße geführt wurden, findest du die Krone des Lebens, einen nie versiegenden Strom von Hilfe, Heilung und Wohlergehen. Wir, deine älteren Brüder und geistigen Führer, sind auf diesem Pfad an deiner Seite. Keiner von euch ist allein. Du mußt lediglich in kindlichem Vertrauen fragen — und es wird dir gegeben. Was immer du benötigst, sollst du erhalten.

TÄTIGKEIT IN GOTT

Lieben heißt in Gott leben. Lieben ist Tätigkeit in Gott, so daß jeder Gedanke und jede Handlung in Gott wurzelt und nicht in der Welt. Ist ein Mensch von Liebe erfüllt, reagiert er nicht mehr auf die Schwingungen von Zerstörung und Tod, sondern auf die Schwingung des unerschöpflichen Lebens.

RICHTE HERZ UND GEMÜT AUF GOTT

Die eine, große, alles erhaltende Macht, welche die Menschheit empfangen kann, ist der von Gott kommende Kraftstrom. Bist du körperlich krank, seelisch abgespannt, verzweifelt und hoff nungslos, dann lenke deine Gedanken von dir ab und richte sie mit deinem Gebet und deinem Dank auf Gott. Konzentriere dich mit ganzem Herzen und Gemüt auf Gott. Zaudere und zögere nicht. Bleibe fest im Glauben an den Großen Reinen Gott und du wirst im Lichte Gottes finden, daß dir alles, was du zum Leben brauchst, gegeben wird.

ERKLINGE WAHR

Sei wahr! Das ist die Essenz des geistigen Lebens. Der Ton des Geistes erklingt auf den höheren Ebenen und die Püffe, die du im täglichen Leben erhältst, sind da, um dich zu prüfen, ob du wahr erklingst. Um wahr zu klingen, mußt du immer den Ton Gottes anschlagen, oder des Guten, das in dir ist.

SCHREITE UNENTWEGT VORAN

Wie oft haben wir euch dies zugerufen. Es bedeutet, daß ihr euch immer wieder erneut aufraffen sollt. Es heißt, den immerwährenden Kontakt mit eurem höheren Selbst aufrechtzuerhalten, die Ansprüche des niederen Selbst auf die Seite zu schieben und fortwährend freudig Gott und der Menschheit zu geben und immer wieder zu geben.

WAHRE WERTE

Du bist in erster Linie Geist und zuletzt Körper. Lasse deinen Geist vor den Menschen so leuchten, daß sie ihren Christus in dir sehen können.

DEIN WAHRES SELBST

Dein göttliches, höheres Selbst hat das erste und größte Anrecht auf dich. Dein wahres Selbst ist ein leuchtender Geist. Du mußt vor allem diesem leuchtenden Geist gegenüber wahr sein. Gestatte niemandem und nichts, dich von deinem seelischen Streben nach Wahrheit, Licht und ewiger Liebe abzubringen.

RICHTIGES BETEN

Richtiges beten heißt, sich mit dem Geist der Liebe in völlige

Übereinstimmung zu bringen. Sei in Ihm — lebe in Ihm. Denke nicht an dich und deine irdischen Wünsche, sondern an Gott. Von dir aus bist du nichts. Doch wenn du im Mittelpunkt des Sterns oder des himmlischen Lichtes weilst, erlangst du Größe, denn dann bist du bewußt mit Gott und Gott ist mit dir. Alles wirkt miteinander zum Guten, wenn du mit Gott oder dem Guten in Einklang bist.

PRÜFUNGEN UND ENTTÄUSCHUNGEN

Jede Seele muß großem Druck widerstehen können und daher streng geprüft werden. Nehmen wir an, der Meister rufe dich auf, eine wichtige Arbeit zu übernehmen, die viele Seelen beeinflussen könnte, und nehmen wir weiter an, du wärest nicht geprüft worden, so könnte es sein, daß du unter dem Druck der Aufgabe zusammenbrichst. Wir sagen dies, damit du dem Pfad des Lichtes mit all seinen Prüfungen und Enttäuschungen besser folgen kannst.

DIE ERWEITERTE SCHAU

Solch eine herrliche Gelegenheit breitet sich vor jedem von euch. Die täglichen Trivialitäten, das Verletztsein, die Enttäuschungen, die kleinen Ärgernisse, welche du dir gestattest, sind alle sehr geringfügig, doch du selber erlaubst ihnen, so groß zu erscheinen. Lasse sie in den Hintergrund treten. Konzentriere dein ganzes Sein auf die Liebe Gottes. Sei sein Kind! Unterstelle deinen Willen dem göttlichen Willen.

DER LEBENSSPENDER

Es gibt keinen Tod, meine Freunde, und es braucht auch keine Ermüdung des Körpers zu geben. Es gibt keine Müdigkeit mehr, wenn die Seele sich der Herrlichkeit des Allmächtigen bewußt geworden ist. Möge alle Müdigkeit und Abgespanntheit durch den einfließenden Lebensspender weichen.

VEREHRE DEN HERRN DEINEN GOTT

Beuge dich nicht dem Mammon, noch allen materiellen Schwierigkeiten und Problemen der Welt. Wenn du dich statt dessen Gott zuwendest und IHN mit ganzem Herzen, ganzer Seele und ganzem Gemüt verehrst, lösen sich alle Probleme des irdischen Lebens, denn sie sind nicht mehr Teil deiner selbst und haben keinen Wohnsitz mehr in deinem Herzen. Der Christus in dir kann dann mit diesen Problemen meisterhaft fertig werden.

SICHERHEIT

Wandle täglich in kindlichem Glauben Hand in Hand mit deinem Meister. Seine Hand bedeutet Wahrheit und Sicherheit. Nie wird sie dich verlassen. Erdenmenschen mögen dich enttäuschen, nie aber dein Meister. Auf der Suche nach Ihm mögen die nachstehenden Gedanken dir helfen, Ihn zu finden: Sehen wirst du Ihn und hören wirst du Seine Worte, wenn du gelernt hast, dein niederes Selbst zu überwinden und so zu denken, so zu sprechen, wie dein höheres Selbst es will.

HALTE DEINE VERBINDUNG AUFRECHT

Wenn immer du müde und abgespannt bist, suche die Gegenwart des Herrn und nimm Seine dich erfrischende Liebe und Güte in deine Seele auf. Gelingt es dir, die sichere, feste Verbindung mit Gott aufrechtzuerhalten, wird in deinem Leben nichts mehr fehl gehen. Dann mußt du nicht mehr darum bangen, ob du dies oder jenes tun sollst. Deine Entscheidungen werden für dich getroffen, doch du mußt offen sein für den Geist, lebendig im Geist, so daß du augenblicklich der sanften Führung der Allmacht in dir entgegenkommen kannst.

WACHE UND BETE

Wache und bete sind keine leeren Worte. Folge dem Licht, das in deinem Herzen aufflammt. Gehorche der Stimme des Geistes in dir, und tue das, was du als richtig empfindest.

WEILE OFT IN GEDANKEN BEI GOTT

Die Kraft, die man erlangt, wenn das Herz auf Gott ausgerichtet ist, kann Negatives in Positives und Dunkel in Licht umwandeln. Das Einfließen des Lichtes bringt vollkommene Gesundheit, denn es schafft überall harmonische Übereinstimmung.

LIEBE IST LICHT UND LICHT IST LEBEN

Konzentriere dich niemals auf Krankheit oder Dunkelheit, sondern konzentriere dich auf Harmonie und Licht. Richte all deine Gedanken auf den Geist, den Meister, auf Christus. Dann wird die Schwachheit deines Körpers von dir gleiten, denn durch eigene innere Anstrengung verwandelst du deine dunklen Atome in Licht. Könntest du dauernd im Lichte leben — brauchtest du keine Heilung von außen. Das Licht selber würde dich heilen.

DIE GEGENWART CHRISTI

Denke stets in deinem Herzen an die Gegenwart Christi. Halte dir immer Seine Friedfertigkeit und Ruhe inmitten weltlicher Ruhelosigkeit vor Augen. Du, der du Sein Jünger bist, mußt dich stets bemühen, den Ort der Stille auch in einer großen Menschenmenge zu finden. In der Abgeschiedenheit ist es leicht, nahe bei Ihm zu sein. Du aber mußt, selbst im größten Gedränge lernen, dir deines Meisters bewußt zu werden.

DIE MEISTERSEELE IST FREUNDLICH LIEBEVOLL UND GÜTIG

ÜBERWINDUNG DES EGOISMUS

Eine der ersten Lektionen und Bestrebungen des Bruders, ein Ziel der Bruderschaft, ist die Überwindung des Egoismus. Ist dies geschehen, dann erblühen Blumen des Geistes und man wird ein Heiliger. Ein Heiliger ist human und voll Verständnis. Ein Heiliger ist in der Lage, sich in alle Gefühle, Freuden und Leiden eines anderen einzufühlen. Ein Heiliger ist ganz Liebe.

DIE BRUDERSCHAFT LIEBT DICH

Boten Gottes sind an deiner Seite. Keine Einzelheit in deinem Leben, kein Gedanke und keine Handlung entgeht ihrer Aufmerksamkeit. Doch sie richten nicht, sondern lieben mit tiefem Mitgefühl und großem Verständnis. Wisse dies und bitte darum, daß deine Liebe wie die ihre dein Herz erfüllen möge, so daß du auf alle Mitmenschen mit derselben Freundlichkeit und Güte blicken kannst, mit der die Brüder des Lichtes auf dich blicken.

KEIN KOMPROMISS

Wenn dich die Handlungsweise eines anderen irritiert und du über Ungerechtigkeit erzürnt bist, greife den, der dich beleidigt hat, nicht an, nicht einmal in Gedanken. Hast du dich denn nicht ganz in des Meisters Liebe gestellt? Da gibt es keinen Kompromiß. Dein Weg ist klar vorgezeichnet. Es ist der Weg der Liebe, der Sanftmut und des Friedens.

DIE HEILKRAFT DER LIEBE

Die Regung wahrer Liebe ist Licht. Wer mitfühlend an das Leid in der Welt denkt, so wie wir uns vorstellen, daß Christus es tat, kann ein starkes Licht aussenden, das im Herzen der Kranken,

Trauernden und Müden wirkt und allmählich den Körper erneuert und ein neues Leben aufbaut.

WENN DU VERWIRRT BIST

Wenn Schwierigkeiten an dich herankommen und es entstehen Mißverständnisse und Verwirrung, dann gehe in dein innerstes Sanktuarium. Suche die Gegenwart Christi und frage Ihn, was Er unter den gegebenen Umständen tun würde.

LEGE DEINE PROBLEME NIEDER

Lege deine Last auf die Schultern des Herrn. Mit anderen Worten: Lasse deine Probleme los, lege sie ab, ergib dich. Versuche nicht den Knoten zu lösen, der immer nur fester wird, je mehr du an ihm zerrst. Lasse los und konzentriere dich ganz auf die sanfte, liebevolle Persönlichkeit Christi, und alle Knoten werden gelöst, alle Probleme lösen sich auf.

HABE VERTRAUEN IN GOTT

Wenn du deinen eigenen Willen dem Willen Gottes unterstellst und in die Liebe Gottes Vertrauen hast und an sie glaubst, dann ist dir diese Liebe immerzu gegenwärtig und wirkt sich in deinem Leben aus. Wenn du die geistigen Gesetze beachtest, wirst du niemanden verletzen und niemand kann dich verletzen.

WEISE LIEBE

Der Meister vermerkt jede deiner Anstrengungen, den Grad deiner Liebe zu vervollkommnen. Er hat Verständnis für deinen Mißerfolg und deinen Fortschritt und strahlt unermüdlich Seine Liebe auf dich aus. Wenn Er dir in Seiner Güte, trotz deiner Unzulänglichkeit, Seine große Liebe schenkt, ist es dann so schwer für dich, dem Bruder und allen lebenden Wesen deine kleine Liebe zu geben? Da gilt es in der Lebensschule der Bruderschaft viel zu lernen. Bedenke, daß Liebe ohne Weisheit keine Liebe mehr ist. Du mußt lernen, zwischen wahrer, unparteiischer und mitleidsvoller Liebe einerseits, und emotionaler Liebe, die dich hinreißt und zerstörend wirkt andererseits, zu unterscheiden. Lieben heißt, das Licht aus der eigenen Seele, das weiße Licht Christi zu verschenken. Das ist Liebe!

WENDE BEI DEINEN PROBLEMEN LIEBE AN

Liebe ist das große Lösemittel für alle Probleme, alle Schwierigkeiten und alle Mißverständnisse. Wende in deiner inneren Haltung allen Problemen gegenüber Liebe an. Lege den Verstand beiseite. Lasse göttliche Liebe in dir wirken. Gib Gottes Liebe aus deinem Innersten, und du wirst erstaunt sein, wie sich jedes Problem und jeder Knoten löst.

SEID GETRÖSTET, SEID IM FRIEDEN

Seid getröstet meine Freunde, denn ewiges Leben erwartet alle Seelen, die Gott lieben. Gott ist Liebe, und wo Liebe herrscht, kann es keine Trennung geben. Der dich liebt, ist an deiner Seite. Der Tod kann euch nicht trennen. So seid getröstet und im Frieden.

HAST DU AUSEINANDERSETZUNGEN

Wenn du persönlichen Angriffen ausgesetzt bist, versuche dich mit den höheren Ebenen, mit der Gestalt Christi im Zentrum der geistigen Sonne, zu verbinden. Indem du dir diese Vision vergegenwärtigst, denke an den, mit dem du Meinungsverschiedenheiten hast, und ein Strahl hellen Lichtes erreicht ihn, die Lage ändert sich, alles wird gut und krumme Wege werden gerade.

DES MEISTERS WEG

Wer weise ist, argumentiert nicht. Er bleibt ruhig und geht still seines Weges, nur darauf bedacht, zu lernen, wie er den Fußspuren seines Meisters folgen kann.

DER ÄLTERE BRUDER

Verstehe, daß du, du selbst in deinem Alltagsleben, an dir zu arbeiten hast. Es sind deine Reaktionen auf die täglichen Ereignisse und auf deine Lebensumstände, welche dir wahren Erfolg und Harmonie bringen. Es nützt dir nichts, White Eagle oder irgendeinem anderen Lehrer zuzuhören, ohne an dir selber zu arbeiten. Diese Arbeit beginnt mit dem Gewahrwerden der leisen inneren Stimme und mit dem allmählich heller werdenden Licht in dir. Beides bewirkt, daß du auf alle Gegebenheiten und Umstände des Lebens wie ein älterer Bruder reagierst.

LIEBE IST INNERE SCHÖNHEIT

Lieben heißt, den innewohnenden Geist ausstrahlen, ohne jeglichen Gedanken an Belohnung. Ihr seid alle so sehr auf einen Gegenwert für eure Liebe bedacht. Die Seele aber muß lernen, Liebe zu schenken. Liebe ist die innere Schönheit, die dem Herzen und dem Leben entströmt.

LASS LIEBE WALTEN

Laß Liebe walten. Fürchte nichts als die Furcht selbst. Die Furcht ist des Menschen Feind und das Letzte, das es zu überwinden gilt. Hab keine Furcht. Übergib alles der Weisheit und Liebe, die im göttlichen Gesetz verankert sind. Tue dein Bestes. Sei aufrichtig, ernsthaft und liebevoll in deinen menschlichen Beziehungen. Laß Liebe in deinem Herzen und in deinem Leben walten.

SEI FREUNDLICH MIT DIR SELBST

Jesus sagte: „Liebe deinen Nächsten wie dich selbst". Damit ist keine Selbstsucht gemeint, sondern Freundlichkeit mit dir selber, denn du bist ein Kind Gottes. Widme dir nicht mehr Aufmerksamkeit als du wirklich benötigst, aber achte auf dich, und erschlage nicht immerzu den Gott in dir. Gib dem Christus in dir täglich Gelegenheit wirksam zu werden. Das ist es, was wir meinten mit „sich selber lieben" und was Jesus meinte, als Er sagte: „Du sollst deinen Nächsten lieben wie dich selbst!" Liebe den inneren Frieden — liebe, das Rechte zu tun — lebe nach göttlichem Gesetz.

DURCH VERGEBUNG KOMMT BEFREIUNG

Zu vergeben ist oft sehr schwierig meine Freunde, doch könnt ihr es, dann wird der Geist befreit, und die Seele, die auf dem Kreuz des Leidens gefesselt war, leidet nicht länger. In dem Maße, in dem ihr auf Liebe und Schönheit reagiert, vermehrt ihr das Schöne auf Erden. Gleichzeitig vermindert ihr das, was auf der anderen Waagschale liegt — Dunkelheit, Unkenntnis, Verbitterung und Selbstsucht.

DER WEG DES JÜNGERS

Wie, so magst du fragen, soll man den geistigen Weg gehen? Wir antworten: Sage wenig — liebe viel — gib alles — richte niemanden — strebe nach allem was rein und gut ist — und gehe unermüdlich vorwärts!

DIE MEISTERSEELE IST TOLERANT

LIEBEN HEISST, DAS GUTE ZU SEHEN

Du mußt lernen, täglich so zu handeln und zu leben, daß du jederzeit, ganz natürlich, ein Wesen der Liebe bist. Liebe hat nichts mit Sentimentalität zu tun. Liebe ist das Gute zu sehen, Gott zu sehen, das göttliche Gesetz von Ursache und Wirkung zu erkennen. Lieben heißt, gegenüber jedem Menschen und allem Geschehen des täglichen Lebens tolerant, geduldig, freundlich, demütig und rücksichtsvoll zu sein. All diese Eigenschaften sind in dem einen Wort „Liebe" enthalten.

SCHAUE HINTER DIE DINGE

Urteile nicht aufgrund dessen, was du an der Oberfläche erblickst. Entwickle vielmehr eine Innenschau, einen Einblick in die geistigen Zusammenhänge von Ursache und Wirkung. Dann weißt du, daß du niemanden verurteilen kannst.

VERGIB UNS UNSERE SCHULDEN

Wir tun gut daran, uns bewußt zu werden, wie sehr wir selber Vergebung benötigen, und daß wir lernen müssen, freimütig zu vergeben, ohne zu verurteilen. Des Bruders Seele kennen wir nicht. Es ist aber unsere Pflicht und Freude, immerzu nach dem göttlichen Funken in allen Menschen Ausschau zu halten.

MAGIE DES HEILENS

Man kann immer etwas Schönes finden, wenn man danach Ausschau hält. Konzentriere dich daher lieber auf das Schöne, als auf sein Gegenteil. Diese positive, liebevolle Haltung dem Leben und den Menschen gegenüber ist ein Teil der göttlichen Magie, die wir euch vermitteln möchten. Sie hilft euch die Gegenwart

Gottes zu erkennen und die göttliche Magie des Heilens in die Tat umzusetzen.

DAS MENSCHLICHE UND DAS GÖTTLICHE

Halte dich fern von Kritik und Urteil. Menschlich ist es, vorschnell die Handlungsweise eines anderen zu kritisieren. Göttlich aber ist es, ruhig und liebevoll zu bleiben. Du bist sowohl menschlich als auch göttlich und bist auf Erden, damit du lernen mögest, Göttlichkeit zu verwirklichen.

DIE ÄLTEREN BRÜDER URTEILEN NICHT

Die älteren Brüder arbeiten ununterbrochen für dich und die ganze Menschheit. Sie werden weder ärgerlich, noch urteilen sie über ihre jüngeren Brüder, denn sie kennen Gottes Gesetz und Gottes Plan für die Entfaltung des Göttlichen im Menschen. Junge Seelen urteilen vorschnell über andere, doch die älteren Brüder sind geduldig. Sie erwarten nicht zu viel.

SEI DANKBAR FÜR DEIN KARMA

Kritisiere nicht, denn das bringt Zersetzung in dein Wesen und Leben. Blicke vielmehr in Liebe und Dankbarkeit auf diejenigen, mit welchen dich dein Karma in Verbindung gebracht hat.

GOTT MACHT ALLE DINGE NEU

Gott im Menschen macht alle Dinge neu. Wenn der Mensch den Christusgeist in sich verwirklicht, ändert sich alles für ihn. Dann beginnt er Schönheit anstelle von Häßlichkeit zu sehen, Liebe anstelle von Haß und gewinnt Gesundheit statt Krankheit. Dann erscheint ihm die Welt frisch und neu, wie die Erde nach dem Regen im Sonnenlicht erglänzt.

DIE SCHLAFENDE PRINZESSIN

Oft siehst du lediglich das Äußere, die rauhe Schale des Menschen. Könntest du das Dornengestrüpp wegschneiden, du fändest darunter seine schlafende, sanftmütige, schöne Natur. Bemühe dich stets, hinter all dem stacheligen Gestrüpp die schlafende Prinzessin zu finden. Wir alle haben in uns das Licht. Wir alle haben jenes Höhere, das Prinzessinnen-Selbst in uns. Deshalb sollten wir liebevoll miteinander umgehen, immer das Beste suchen und das Schöne auf jede erdenkliche Art anregen.

GLÜCK JENSEITS DEINER TRÄUME

Du kannst deine physischen Atome beeinflussen durch richtiges Denken, richtiges Sprechen, richtiges Handeln, richtiges Leben und indem du über niemand urteilst. Dann kommt unmerklich eine Erweiterung des Bewußtseins, ein Glück, das du dir nicht erträumt hast. In dir wird eine gnadenreiche Macht erwachsen, welche alle krummen Wege ebnet. Sie wird deine Gefängnistür öffnen, so wie der Engel die Gefängnistüre des Petrus berührte und ihn frei ließ.

VERGIB

„Vergib uns unsere Schulden, wie wir vergeben unseren Schuldnern". Diese Worte kommen zu dir in Liebe und mögen dir helfen, wenn du in Not und Schwierigkeiten bist. Wenn die Gefühle dich zu übermannen drohen — dann vergib, und alles soll dir vergeben werden. Gott wird dich segnen mein Freund.

VERGEBUNG

Hast du je daran gedacht, was Vergebung eigentlich bedeutet? Du, du selbst, deine Persönlichkeit benötigt Vergebung. Dein Geist ist göttlich, bleibt aber solange menschlich, bis du deine Persönlichkeit überwunden hast und dein Geist dir vergeben kann. In dem Grade, in dem dein Geist deiner Persönlichkeit vergibt, wirst du lernen, deinem Bruder alle seine scheinbaren Fehltritte zu vergeben. Wenn du dich in jedem Augenblick deines

Lebens bemühst, im Geiste der Liebe und Vergebung zu denken, wirst du an Leib und Seele gesunden.

IN DER GEGENWART DES MEISTERS

In der Gegenwart des Meisters verfliegen Ärger und Groll. Friede erfüllt dich, Verehrung und Liebe ergreifen dich und dein Bewußtsein wird augenblicklich über den Sog und den Antagonismus der irdischen Ebene hinausgehoben.

ACHTE DEINEN BRUDER

Das wahre Licht ist eine sanfte Liebe, die, wenn sie in dir aufsteigt, dich veranlaßt, mit Verständnis, Mitleid und Achtung in die Welt zu blicken. Wenn du vor der Seele deines Bruders Achtung hast, dann achtest du sein Leben in jeder Hinsicht. Dieser liebevolle Geist, diese Achtung einer für den anderen muß kommen, jenes Ausstrahlen des wahren Lichtes, das die Liebe ist.

SEI GEDULDIG MIT DEINEN MITMENSCHEN

Wenn du im Verzug bist, wenn deine Arbeit nicht so voranschreitet, wie du gehofft hast, sei nicht entmutigt und niedergeschlagen. Sei vielmehr dankbar, daß du für eine größere Einweihung vorbereitet wirst. Nichts Großes kann geleistet werden ohne geduldige Vorbereitung. Jede Einzelheit einer Arbeit muß vollkommen ausgeführt werden. Daher sei geduldig in deiner Arbeit, geduldig mit allem Geschehen im täglichen Leben und ganz besonders geduldig mit deinen Mitmenschen.

DIE MEISTERSEELE IST RUHIG, GELASSEN UND AUSGEGLICHEN

ICH BIN MIT DIR
Welche Schicksalsschläge auch kommen mögen, besinne dich auf die Gegenwart Christi. Er wird bei dir sein. Er bringt dir Mut und Frieden. „Siehe, Ich bin bei euch alle Tage".

GOTT WIRD DICH NICHT IM STICH LASSEN
Wenn du im Zweifel bist – entscheide nichts. Sei ruhig, habe Geduld und warte. Lerne ruhig zu werden mein Freund und warte auf Gott. ER wird dich nicht im Stich lassen.

JENSEITS WELTLICHEN STREITES
Du sehnst dich nach Frieden, und du meinst Friede sei guter Wille untereinander, guter Wille unter den Nationen und ein Niederlegen der Waffen. Friede aber ist viel mehr als all dies. Wahren Frieden kannst du nur in deinem Herzen wahrnehmen und begreifen. Er liegt jenseits des Fühlens und jenseits des Denkens. Du findest ihn im Schweigen und in der Stille der Seele. Er ist Geist. Er ist Gott.

DER MITTELPUNKT DES FRIEDENS
Bete: „Führe mich himmlischer Vater. Zeige mir den Weg". Es wäre nicht richtig, äußerlich ruhig zu erscheinen, während du innerlich ein kochender Vulkan bist. Du mußt innere Ruhe entwickeln. Suche täglich nach jenem Mittelpunkt in deiner Seele, welcher der Ruheplatz für den Christusgeist ist.

MEISTER IN DER WOHNSTATT EURER SEELE
Wegen Kleinigkeiten und Nichtigkeiten geratet ihr aus der Ruhe und werdet nervös. Das solltet ihr nicht. Bittet, daß ihr Meister in

der Wohnstatt eurer Seele werdet. Lernt, sie mit Liebe, Weisheit, Schönheit und Wahrheit zu regieren.

SUCHE DAS GRÖSSERE, LASS DAS GERINGERE

Wir möchten euch behutsam daran erinnern, daß ihr den irdischen Werten eine allzugroße Beachtung schenkt. Hiermit meinen wir nicht, daß ihr eure materiellen Pflichten vernachlässigen sollt. Wir möchten euch vielmehr nahebringen, ein besseres Verständnis für die relativen Werte geistiger und materieller Dinge zu erlangen. So vieles, das ihr als notwendig und wichtig erachtet, ist gar nicht so wichtig. Wenn ihr stets nach der Ruhe und dem Frieden Christi strebt, werdet ihr finden, daß ihr hierdurch eure Seelenfenster öffnen könnt, und so Christi Licht in eure Seele und in euer Leben einfluten kann. Was euch als schwierig und angsterregend vorkam, wird sich in diesem Lichte auflösen.

MEINEN FRIEDEN GEBE ICH EUCH

Der Meister ist sanft und liebevoll. Er kennt deine Bedürfnisse. Er versteht deine Schwierigkeiten und deine Enttäuschungen und sagt zu dir: Komm mein Bruder, komm heraus aus dem Nebel, komm zu Mir und ich gebe dir jenen inneren Frieden, nach dem du dich sehnst.

WO DER FRIEDE WOHNT

Friede und Gesundheit liegen im Herzen Gottes. So lebe im Herzen Gottes. Dort gibt es keine Furcht.

LÖSE DEINE ANGESPANNTEN NERVEN

Der Friede sei mit dir mein Freund. Entspanne deine verkrampften Nerven. Entspanne dich wenigstens für fünf Minuten und konzentriere dich auf die Gegenwart Christi. Stelle Ihn dir in Seiner goldenen Herrlichkeit vor. Fühle, wie Seine Liebe in dich einströmt. Vertraue Ihm, denn Gutes, nur Gutes kommt zu dir. Verhindere Sein Kommen aber nicht durch Ängstlichkeit und Sorge.

SEELISCHES GLEICHGEWICHT

Die älteren Brüder sind glücklich, weil sie im Frieden leben und von dunklen Ereignissen unberührt bleiben. Du wirst fragen, ob es denn recht sei, von dunklen Dingen nicht berührt zu werden. Ja mein Freund, denn während du im inneren Frieden bleibst und das Licht in dir gleichmäßig erstrahlen läßt, tust du mehr, als wenn du die unangenehmen Umweltbedingungen diskutierst und dich ereiferst. Halte dein seelisches Gleichgewicht und gehe gelassen deinen Weg.

GOTT WEISS WAS DU BRAUCHST

Gott kennt deine Bedürfnisse für Körper, Seele und Geist. Lerne, still und innerlich ruhig zu werden, und tue dein Bestes mit Liebe im Herzen. Wenn du dein Bestes getan hast, wird Gott das Übrige tun. Vertraue daher Gott und dem Besten in dir.

ARBEITE IN RUHE

Die Antwort auf deine Probleme und Kümmernisse ist, alles Gott zu übergeben. Sei still im Inneren, sei ruhig. Überfordere dich nicht. Sei ruhig. Tue deine Arbeit in Ruhe. Lebe wie die Blumen leben, indem du dein Herz dem Sonnenlicht öffnest, der göttlichen Liebe.

VERGEUDE NICHTS

Sei sparsam mit deinen Kräften. Lerne deine emotionelle, geistige und physische Kräftevergeudung, wie sie im täglichen Leben dauernd stattfindet, zu meistern. Ein Meister hat die überaus wichtige Lektion der Energiebewahrung erlernt. Er wird nie seine Energie, die vitalen Kräfte, das göttliche Leben verschwenden.

Er übt sich, ruhig und überlegen zu bleiben, trotz aller Stürme im Leben.

GOTT IST NIE IN EILE

Physische und materielle Umweltbedingungen werden durch geistige Kräfte gestaltet. Diese Kräfte aber sind nie in Hast und Eile. Ihr möchtet, daß alles sofort geschieht. Gott aber ist nie in Eile. Die ganze Ewigkeit steht zur Verfügung, um zu arbeiten, zu leben und sich zu freuen.

DEN STURM BESCHWICHTIGEN

Wie leicht wird man durch die Berührung mit disharmonischen Umständen aus dem Gleichgewicht geworfen und emotionell aufgebracht. Wenn hingegen das innere Christuslicht stark wird, belehrt es den Schüler, seine Leidenschaften und Gefühle zu zügeln und in Schach zu halten. So können Gefühle und Emotionen im Dienste Gottes gebraucht werden, ohne Stürme zu entfachen, welche die Seele erschüttern.

EWIGKEIT IST JETZT

Wisse, daß die Ewigkeit j e t z t ist, und daß weder Vergangenheit, noch Gegenwart, noch Zukunft getrennte Zeitepochen sind. Alles ist innerhalb der Seele – dem ewigen J e t z t – eingeschlossen. Deine Reaktion auf das j e t z t gestaltet deine Zukunft. Schaue nie in die Zukunft und erwarte dies oder jenes von ihr, denn das hieße in Angst leben. Lebe j e t z t mit Gott, und deine Zukunft kann nur Freude sein.

LASS DICH NICHT AUS DER RUHE BRINGEN

Du kannst im täglichen Leben augenblicklich und unter allen Umständen, vermittels einer Anstrengung des göttlichen Willens in dir, Gemütsruhe erlangen. Wie auch immer die Umstände sein mögen, du kannst den Sturm besänftigen und Ruhe kehrt in dich ein. Du sehnst dich nach einem Leben in Freiheit, nach einem Leben, das fröhlich, glücklich, gesund und heilsam ist, nach einem Leben, in welchem du dienen kannst und das Land des Lichtes zu sehen vermagst. Wir geben dir Richtlinien. Das Wichtigste ist — Ruhe des Geistes. Laß dich nicht aus der Ruhe bringen. Geschieht es dennoch, dann geraten die feinen Fäden von Farbe und Licht, durch die deine Seele mit dem Urquell allen Lebens verbunden ist, in Unordnung. Anders gesagt, du bewirkst einen Kurzschluß. Dann wunderst du dich, warum alles so schwierig geworden ist. Vermeide den Kurzschluß! Halte deine Leitungen in Ordnung. Sei ruhig und gelassen. Ein Meister ist niemals beunruhigt.

LEBE IN GOTT

Lebe ruhevoll in Gott — in der Ewigkeit Gottes. Jeden Morgen beim Erwachen und jeden Abend beim Einschlafen — schicke Gott einen Gedanken. Das ist alles. Fühle ganz einfach, daß ER in deinem Herzen weilt, daß du ein Kind dieser lebendigen Macht bist, und daß der VATER alle deine Bedürfnisse kennt.

DER MENSCH IST GÖTTLICH

Die Menschen in den Sphären des Lichtes sind ruhig und heiter. Sie haben strahlende, gottähnliche Gesichter. Jede Arbeit, die sie verrichten, wird in vollkommener Weise getan. Die Bemühungen aller hat die Förderung des Allgemeinwohles zum Ziel. Du kannst in deinen stillen Stunden und in deinem Innersten jederzeit in dieses vollkommene Leben gelangen und kannst von jenen, die dort wohnen, die Inspiration erhalten, so wie sie zu leben. Gebrauche nicht die Ausrede, daß der Mensch ja nur menschlich sei. Mit aller Macht der Wahrheit, die in uns ist, sagen wir, nein, wissen wir, daß der Mensch g ö t t l i c h ist.

DEIN CHRISTUS-SELBST

Jeden Morgen beim Erwachen und viele Male während des Tages, ganz besonders wenn du dich vom materiellen Leben überfordert und bedrängt fühlst, halte inne und bedenke, daß es dein kleines Selbst, deine menschliche Persönlichkeit ist, welche geprüft wird. Verstehe, daß über dir, im unsichtbaren Bereich, jenes höhere Selbst, dein Christus-Selbst wohnt. Blicke auf zu jener Gestalt in herrlichen Farben, zu diesem strahlenden Leben, und du fühlst unendliche Kraft in deine Persönlichkeit fließen. Du wirst außer deiner Persönlichkeit noch eines höheren Ichs bewußt, das grenzenlos ist und in Gott lebt.

VERBINDE DICH TÄGLICH MIT GOTT

Achte auf innere Ruhe und verbinde dich täglich mit Gott durch Gebet und Meditation. Strahle immer Licht aus deinem Geist, nie Gegenteiliges, nur Licht. Bleibe demütig und geduldig auf deinem Pfad. Dann wirst du Empfänger der unfehlbaren Kraft Gottes und Sender göttlicher Liebe.

EINS NACH DEM ANDEREN

Wenn deine Arbeit etwas zu schwierig wird und dich zu überfordern droht — dann tue eines nach dem anderen in Ruhe. Lasse den Rest, denn der Rest ist dann nicht mehr deine Sache. Was du nicht beenden kannst, sollst du Gott zurückgeben. ER wird es für dich in Ordnung bringen.

DER UNENDLICHE, EWIGE GARTEN

Um dich, dich unsichtbar umgebend, ist ein wundervoller Garten, der unendliche, ewige Garten des Geistes. Von dieser unsichtbaren Sphäre, mit ihrer Schönheit, ihrem Frieden und der Liebe ihrer Bewohner, kommen wir und treten nahe an dich heran, um dir in deinem materiellen Leben zu helfen. Wir kommen, um dich über die Schranken von Schmerz und Not hinauszuheben, in jene wahre Heimat, das himmlische Leben, aus dem ihr alle gekommen seid und in das ihr zurückkehrt.

SUCHET ZUERST DAS HIMMELREICH GOTTES

Der Mensch muß lernen, zuerst das Reich Gottes, den Ort der Stille und des Friedens, die höchste Stufe, die er erreichen kann, zu suchen. Dann kann der Einfluß des Himmels in ihm wirken, kann ihn neu erschaffen und ihn zur Mithilfe an der Erlösung der Menschheit befähigen.

DIE MENSCHENSEELE IST STARK IM HELFEN

DIE HEILUNG DER WELT

Hinter euch steht eine Macht, die euer Begriffsvermögen übersteigt. Gott wartet ja nur darauf, daß ihr, Seine Kinder, gewillt seid, ein Kanal zu werden. Wohl wissend, daß ihr selber nichts seid, erwartet ER, daß ihr dient. Möge sich dieser Kanal weit öffnen, damit das Licht hindurchströmen kann. Durch die Lenkung eurer Gedanken können auf diese Weise Nationen, ja die ganze Welt geheilt werden.

IM DIENST DES MEISTERS

Jederzeit kannst du zum Dienst des Meisters aufgefordert werden. Da diese Aufforderung aber nicht immer deinen Erwartungen entspricht, ist es möglich, daß du dir nicht bewußt bist, gerufen und erwählt worden zu sein. So sei bereit in deinem Herzen, denn du kennst weder Tag noch Stunde, da der Meister kommt.

SEI UNERMÜDLICH

Sei unermüdlich in deiner Arbeit, doch verlasse dich nicht auf deine eigene Kraft. Das wäre eine Einschränkung. Wende dich an den himmlischen Vater für das was du brauchst und bitte zusätzlich um Seine Kraft. Sei unerschrocken, sei unermüdlich, doch verlasse dich nicht nur auf dich. Wende dich an die wunderbare, unerschöpfliche Liebe des Sohnes, an Christus.

LASS DAS LICHT LEUCHTEN

Nichts ist wichtiger, als das Christuslicht im Inneren leuchten zu lassen. Das allein gibt dir die Kraft, jene kleinen Dienstleistungen zu verrichten, die der Meister von dir verlangt. Wie du in deinem eigenen Bereich mit Mut und Geduld wirkst, so wirst du durch ein sich stets erweiterndes Bewußtsein belohnt, und die Kameradschaft und tatkräftige Hilfe in deinem materiellen Leben von seiten deiner unsichtbaren Brüder erfahren.

WAS DU AUCH IMMER TUST

Es ist nicht so wichtig, was du auf Erden arbeitest. Wichtig allein ist, daß du deine Arbeit mit ganzem Herzen, mit ganzer Kraft und mit ganzer Seele verrichtest. Bitte auch um Weisheit, daß du immer das Rechte tust, und bitte um Mut, daß du auf deinem Pfad nicht verzagst.

DAS GUTE, WAHRE UND SCHÖNE

Wir bitten euch, am Guten, Wahren und Schönen festzuhalten, in eurer Lebenseinstellung positiv zu sein und Geist und Seele dem Einfluß der Boten aus anderen Welten in selbstloser Weise zu öffnen. Sie bauen auf euch und erwarten, daß ihr zum Kanal werdet für den durchfließenden Geist Christi, damit alles Leben gefördert und verschönert werden kann.

ICH, WENN ICH ERHOBEN WERDE ...

Wenn ihr euch bemüht, den Christus in euch zu wecken, tragt ihr dazu bei, die ganze Menschheit zu erheben. Ihr könnt keine Anstrengung machen, himmelwärts zu streben, ohne daß nicht die ganze Welt, ja sogar die Erde selbst gewinnen würde. Seht ihr die Verantwortung, die ihr tragt, meine Freunde? Welche wunderbare Gelegenheit ist euch geboten. Erlaubt es den finsteren Mächten nicht, daß sie euch eures Geburtsrechtes auf Glück und Frieden berauben, sowie eures Anrechtes, dienen und beten zu dürfen. Friede sei mit euch — Friede und große Freude.

SCHAUE INS LICHT

Dein ganz persönlicher Beitrag zum großen Plan der Menschheitsentwicklung ist, ohne Unterlaß an die Liebe Gottes zu denken, immer ins Licht zu schauen und dich so zu schulen, daß du Gottes Güte in allen anderen erkennst.

DER SOHN WIRD IN DIR GEBOREN

Du sehnst dich danach, anderen zu helfen. Wir aber sagen dir: Die größte Leistung ist die Entfaltung des Christuslichtes in deiner Seele, denn der Christus ist latent in dir und in aller Menschheit. Deine und unsere spezielle Aufgabe ist es zu erlernen, wie man dieses Licht in die Dunkelheit irdischer Ignoranz einstrahlt.

NIMM DEINE AUFGABE AN

Jede individuelle Seele hat ihre eigene Aufgabe. Jeder von euch ist aufgerufen worden. Keiner kann des anderen Arbeit tun. Jeder hat seine eigene Bestimmung. Deshalb sagen wir dir: Nimm deine Aufgabe an, mein Freund. Akzeptiere sie, so wie sie vor dir liegt und bete zu Gott, daß du nicht versagst.

HILFE VON OBEN

Du wirst Hilfe erhalten, wenn du nicht mit deinem Verstand, sondern in der Tiefe deines Wesens ruhig darum bittest. Bitte Gott in dir um Hilfe, und du mußt nicht befürchten, deine Kraft könnte die vorliegende Aufgabe nicht bewältigen.

DIE FÜSSE AUF DER ERDE — DAS HAUPT IM HIMMEL

Halte deine Füße auf der Erde, doch hebe dein Antlitz auf zu den Himmeln — und das Licht, das aus der Höhe in dich einfließt, wird deine Füße sicher auf den richtigen Pfad lenken. Habe Vertrauen in jenes Licht. Beuge dich mit ruhigem Gemüt und einem Herzen voll Liebe der unendlichen, göttlichen Weisheit.

ERZWINGE NICHTS

Versuche nie Türen aufzustoßen und mit Gewalt irgendwo einzudringen. Warte vielmehr, und du wirst die Kräfte, die du benötigst, speichern, um zur gegebenen Zeit deine Arbeit zu vollenden.

KREUZIGUNG

Es soll dich trösten, wenn wir dir sagen, daß jeder, der Schmerz und Qual erleidet — was man als Kreuzigung bezeichnen könnte — etwas für die Gesamtheit tut. Jeder, der solche Seelenprüfungen erfährt und sie in der gleichen bestimmten und ruhigen Weise erduldet wie es Meister Jesus tat, wenn auch in viel geringerem Maße als Er, trägt dazu bei, die Schwingung der ganzen Erde zu erhöhen.

WENN LIEBE DEIN HERZ REGIERT

Um angemessen zu dienen, muß die Seele Opfer bringen. Man muß auf selbstsüchtige Wünsche verzichten. Der Meister gab hierzu das Beispiel — sogar zum Opfer Seines Lebens. Es gibt kein wahres Dienen ohne Opfer. Ihr mögt hiervor zurückschrekken, meine Freunde, doch das Gesetz des Lebens könnt ihr nicht ändern. Wenn aber Liebe das Herz regiert, bringt jedes Dienen und jedes Geben so viel Freude, daß ihr es nicht mehr als Opfer empfindet.

HAND IN HAND MIT GOTT

Was auch immer deine Arbeit im Leben sein mag, es ist eine Form des Dienens. Wie einfach oder eintönig sie dir erscheint, sie ist dennoch deine ganz spezielle Bestimmung und du kannst durch diese deine Arbeit einen Beitrag zum Glück aller leisten. So wirke Hand in Hand mit Gott und sei dankbar für jede Gelegenheit zum Dienen, die auf dich wartet.

DER GRÖSSTE DIENST

Eine einzelne Seele kann der ganzen Welt helfen. Du sagt: „Ich möchte eine Arbeit tun. Verfüge über mich, hier bin ich". Mein Freund, du brauchst nicht zu kommen, um dich anzubieten. Die wichtigste Arbeit ist immer in greifbarer Nähe und wartet in deinem Herzen Tag für Tag. Der größte Dienst, den irgendjemand verrichten kann, ist: Immerwährend richtig denken — dauernd Lieben — alles vergeben.

SCHRITT FÜR SCHRITT

Sei nicht in Eile, wenn es um geistige Dinge geht. Gehe Schritt für Schritt und sei deiner Sache sicher. Wenn die Zeit reif ist, wird dir die Gelegenheit gegeben, jene Arbeit zu tun, die der Meister für dich geplant hat.

BLUMEN ÖFFNEN SICH LANGSAM

Bemühe dich, das Bild des Meisters über der breiten Masse zu sehen, und Seine Stimme in deinem Herzen zu hören. Er führt dich sanft, damit du friedlich und mutig das tust, was du tun sollst. Dann, mein Freund, wirst du nicht ohne Freude und Hoffnung sein. Wenn nicht alles so geht, wie du es dir gedacht hast, dann sei gewiß, daß es einen besseren Weg gibt. Vertraue und wisse, daß der wahre Weg der Weg der Liebe ist. Blumen wachsen nicht in Windeseile. Blumen öffnen sich langsam im Sonnenlicht.

DIE MEISTERSEELE SPRICHT UND HANDELT WEISE

WEISHEIT

Weisheit wird jenen zuteil, die in ihrer Seele ruhig und gelassen sind und auf den Herrn warten können. Weise wird man durch eine sich stets erweiternde Liebe.

QUELL DER WAHRHEIT

Dein Geist ist ein Teil Gottes und alles Wissen liegt in dir. Wenn du in der Meditation tief in dein Innerstes dringst, findest du dort das Zentrum der Wahrheit, den Quell unbegrenzter Kräfte, die nur darauf warten, genützt zu werden. Dort findest du auch den Quell von Glück und Gesundheit.

INTUITION

Der Weg zur Wahrheit führt über den Geist. Unglück, Tumult und Chaos sind nur in der äußeren Welt zu finden. Du denkst mit dem sterblichen oder äußeren Verstand, welcher ein Teil des Irdischen ist. Du solltest aber mit dem inneren Verstand denken. Du tätest besser daran, alle Probleme mit Hilfe des inneren Selbst zu lösen — durch deine Intuition. Das Wort In-tuition erklärt sich selbst. Es heißt: „Innere Belehrung". Du suchst immerzu Hilfe von außen, während doch allezeit die Hilfe, die du brauchst, inwendig ist. Die Welt des Geistes, von der so viele reden, an die so viele glauben, und die viele von euch erreichen wollen, diese Welt des Geistes ist — inwendig in dir!

SUCHE DAS GUTE

In deinem Suchen nach Wahrheit solltest du unaufhörlich Gedanken des guten Willens, der Brüderlichkeit und der Liebe aussenden. Suche immer nur das Gute, auch wenn es im Vergleich zu anderem winzig erscheint. Verströme Gedanken der Liebe und des guten Willens. Du weißt ja gar nicht, wieviel Gutes du tust, wenn du dem höheren Verstand erlaubst, dein Leben zu beherrschen.

SEI UNVERZAGT

Arbeite stets mit dem Licht, wissend, daß du durch das Aussenden desselben mithilfst, das Licht im Mitmenschen zu stärken. Schaue nicht zurück und werde nicht verzagt durch unwichtige Kleinigkeiten, die deinen Geist trüben könnten. Blicke vorwärts ins Licht und erkenne, daß Gott Seinen Plan verfolgt, und daß alle Dinge zum Guten ineinander wirken, für den, der Gott liebt.

EINE LÖSUNG FINDEN

Die göttliche Weisheit will stets das Gute für die Gesamtheit. Suche daher bei deinen irdischen Problemen nicht die rein persönliche Lösung, sondern suche nach zugrundeliegenden Prinzipien. Kannst du dein Problem einem Prinzip, oder anders ausgedrückt, den Gedanken des Meisters angleichen, dann wirst du immer eine gute Lösung finden.

GEDANKENKRAFT

Der Jünger des Meisters muß über seine Gedanken ein gewisses Maß von Kontrolle gewinnen. Wir schlagen vor, daß ihr euch in die Hand nehmt und über die Einzelheiten des täglichen Lebens Meisterschaft erringt. Laßt weder euren Körper noch euren Verstand tun wie sie wollen. Erlangt Befehlsgewalt über Körper und Verstand. Solche Selbstdisziplin wird allmählich zur Gewohnheit.

RICHTIGE PERSPEKTIVE

Willst du in einer gewissen Lebenssituation ein klares Bild erhalten, dann versuche nicht die Dinge aus nächster Nähe zu sehen.

Betrachte sie vielmehr von höchster Warte aus, von der Ebene des Geistes — und du wirst erstaunt sein, in welch anderem Licht deine Probleme erscheinen.

DENKE GÖTTLICH

Widersetze dich im privaten und öffentlichen Leben dem Pessimismus und dem negativen Denken. Denke nur Gutes. Denke göttlich. Was immer deine Schwierigkeiten sind, setze Gott und göttliche Gedanken an deren Stelle. Denke göttliche Dinge. Schaue wie dein Bruder, selbst wenn es nicht so erscheint, Gott entgegenstrebt. Erkenne, wie sich die Welt zum Geistigen entwickelt.

TUE DEIN BESTES

Tue dein Bestes, selbst wenn du scheinbar Fehler machst. Kannst du denn beurteilen, ob es wirklich Fehler sind? Folge dem höheren Antrieb, der dich dazu drängt, das Beste, das du in dir hast, im Dienst an Menschen und Engeln zu geben. So wirst du zu einem sich stets erweiternden Kanal für das Licht des Meisters.

BIST DU IM ZWEIFEL — DANN TUE NICHTS

Wenn du im Zweifel bist — sei still und warte. Ist der Zweifel beseitigt, dann gehe mutig voran. Solange du vom Nebel umhüllt bist — bleibe stehen, bis das Sonnenlicht durchbricht und den Nebel auflöst. Wenn es geschieht — handle tapfer.

DU KANNST NICHT IMMER WÄHLEN

Du kannst deinen Pfad nicht immer selber wählen. Warte, bis der Meister dir Seine Anweisungen gibt. Doch oftmals bist du ungeduldig. Du verlangst und erwartest, daß sofort etwas geschieht, statt daß du deinem himmlischen Vater und Seinen Boten vertraust. Habe Vertrauen in diejenigen, in deren Obhut ER dich gab. Sie helfen dir und führen dich auf allen deinen Wegen.

SEI STILL

Habe Vertrauen in jene himmlische Liebe, welche dich umschlungen hält. Du brauchst nichts zu fürchten. Wenn du nicht weißt, welchen Weg du einschlagen sollst, dann bleibe stehen. Sei still und ruhig und du wirst sehen, wie wunderbar sich die Umstände fügen. So viel Durcheinander entsteht, wenn du etwas vorantreiben willst. Du kommst nur in Verwirrung und mußt wieder von vorne anfangen. Sei daher ruhig und vertraue auf Gott.

WARTE AUF FÜHRUNG

Alles ereignet sich im richtigen Moment — der von Gott gutgeheißenen Zeit. Ihr auf Erden kennt diese Zeit nicht immer. Doch wenn ihr euch der geistigen Führung anvertrauen und geduldig auf ein klares Zeichen zum Handeln warten wolltet, dann werdet ihr richtig geführt.

DEIN WILLE GESCHEHE

Statt deinen eigenen Weg zu fordern, sei bereit, in Demut nachzugeben und sage: „Lieber Gott, zeige mir Deinen Weg. Ich vertraue Dir. Führe mich nach Deinem Willen, denn du allein bist weise, und Deine Liebe übersteigt mein weltliches Verstehen". Dann wird dein Weg offenbar werden.

GOTT KANN PROBLEME LÖSEN

Manchmal wirst du vor ein Problem gestellt, das durch den menschlichen Verstand oder durch irgendwelche materiellen Mittel unlösbar erscheint. Dann überlasse dich Gott in echter Demut. Übergib die Lösung des Problems Gott. Wisse, wo Menschen fehlen, versagt die Macht Gottes nie.

DIE MEISTERSEELE IST EIN HORT VON KRAFT UND LICHT

DER SIEGER

Der Mensch ist Geist — und der Geist triumphiert über die Materie. Das ist alles, was der Mensch wissen muß.

WIRF DEINE FESSELN AB

Gott, der Große Reine Geist, der Quell allen Lebens, wird nicht zögern, dich aufzurichten, wenn du es IHM erlaubst, dich aufrichten zu lassen. Du hältst dich ja selbst in Ketten gefangen. Wirf die Fesseln der irdischen Finsternis ab und begreife, wer du in Wirklichkeit bist, ein Sohn, eine Tochter des strahlend goldenen Lichtes der Sonne.

ERHEBE DICH ZUR SONNE

Wie schwierig dein Pfad auch sein mag mein Freund, strebe täglich nach der Herrlichkeit des göttlichen Lebens. Schwinge dich empor zu dem, was die Welt die Vorstellungskraft nennt. Erhebe dich in das herrliche Licht der geistigen Sonne und wisse, daß dieses Licht die schöpferische Kraft ist, welche durch dich fließt, jegliche Krankheit aus deinem Körper entfernt und krumme Wege ebnet.

LICHTTRÄGER

Du bist ein Lichtträger. Sei wie die göttliche Mutter, trage in dir das Licht des SOHNES. Trage dieses Licht in die Welt hinaus, damit es segne, heile und die Schwingung der Erde erhöhe.

DEIN HÖHERES SELBST

Wenn im Herzen der Wille, Christus ähnlich zu werden, stark genug ist, dann entsteht in deinem Bewußtsein eine Pforte, durch welche das höhere Selbst in den physischen Leib hinuntersteigt. Du denkst, dein physischer Leib, das seiest du. Dabei ist er nur ein winziger Teil von dir. Wenn du mit deinem höheren Selbst in Kontakt kommen willst, dann gehe an einen stillen Ort, um mit deinem Schöpfer im Herzen zu reden. Dann wird dein Bewußtsein erhöht. Das Licht, zu dem du dich erhebst, das wirst du entdecken, ist der Gottesmensch – bist du, du selbst, deine eigene Göttlichkeit – das wahre Du, dein höheres Selbst. Indem du diesem göttlichen Selbst dein Bewußtsein öffnest, werden deine Schwingungen erhöht und dein Körper gereinigt.

DIE MAGISCHE GEGENWART

Christus in dir ist König. Jedes Atom, jede Zelle deines Körpers ist der göttlichen Macht und Herrlichkeit unterworfen. Sei dir der göttlichen, magischen Gegenwart in dir bewußt. Das Licht überwindet alle Dunkelheit.

BLICKE AUF ZUM STERN

Wenn du im Schatten weilst, oder du fühlst, daß die Schatten nahe sind, dann denke daran aufzublicken, um dir den strahlenden Stern in den geistigen Sphären vorzustellen. Fühle seine Kraft, seinen Glanz und seinen Einfluß in deinem Herzen. Schreite vertrauensvoll voran, im Bewußtsein, daß das Licht dieses Sterns auf dich scheint.

SEI EIN KIND DES LICHTES

Du bist Geist. Du bist unsterblich. Du bist ein strahlendes Wesen, ein Kind Gottes. Lebe in diesem Geist und gestatte nicht, daß irgendetwas dich binde oder begrenze.

ÜBER DEN WOLKEN

Es ist leicht, vergnügt zu sein, wenn Grund zum Vergnügen geboten ist. Doch es ist weniger leicht, wenn die Erde in Dunkelheit gehüllt ist. In solchen Zeiten kommen eure Prüfungen. Es ist leicht, nett zu sein, wenn jedermann nett ist, leicht, liebenswert zu sein, wenn andere liebenswert sind. Hierin aber liegt wenig Verdienst. Der weise Bruder weiß, daß im Himmel die Lichter brennen, selbst wenn die Schatten dicht sind. Erkenne, wenn du dein Bewußtsein über die Wolken erhebst, daß dort die Sonne scheint, und daß das Leben in Christus das einzig dauerhafte Leben ist.

DIE MENSCHEN SCHAUEN AUF DICH

Laß dich weder von den Annehmlichkeiten des Materialismus verführen, noch von den Sorgen und Nöten deines Karmas beeindrucken. Habe Mut, denn so viele verlassen sich auf dich, auf deine Gedanken und Ansichten. Sie schauen auf dich und fühlen unbewußt ein Licht in dir. Sie wissen, daß du etwas hast, das gut und hilfreich ist. Laß das Licht in deinem Herzen und in deinem Verstand scheinen, und sei dir des großen Vorrechtes bewußt, daß du helfen darfst, deinen Beitrag zu leisten, wenn es gilt, die Menschheit zum Licht emporzuführen.

DAS LICHT AUSSENDEN

Was verstehen wir unter dem Begriff „Licht aussenden"? Sende die Liebe, die du im Herzen fühlst, in die Welt, und sie strahlt in Form von Licht aus dir. Könntest du dich selbst sehen, wenn du wirklich Licht aussendest, du würdest eine große Strahlung von deinem Herzen, in vielen Fällen von deinem Kopf, ausstrahlen sehen. Deine Aura würde leuchten. Du würdest beobachten, wie das Licht von dir strömt und sowohl das Herz, wie den Verstand, ja sogar das physische Leben deines Nächsten berührt.

DER SCHUTZ GOTTES

Wenn du ernsthaft Gedanken der Liebe aussendest, wirst du von Licht umgeben. Wie du gibst — so empfängst du. Das Licht, das du aus deinem Herzen sendest, zerstreut das falsche, materielle Denken des anderen und errichtet gleichzeitig einen Schutzschild um dich. Das ist es, was man unter dem Ausdruck: „Umhülle dich mit dem Schutz Gottes" versteht.

GOTT IST GNÄDIG

Das Karma des Einzelnen kann durch die Macht des Christusgeistes umgewandelt werden. Wir hören so oft die Worte: „Oh, es ist eben mein Karma, ich muß es hinnehmen". Es ist richtig, daß ihr das göttliche Gesetz annehmen müßt. Doch dieses Gesetz ist gnädig, denn die Liebe Christi, die in eurem Herzen heranwächst, kann eure Seele von karmischen Bindungen lösen.

HEILUNG AUS DER SONNE

Prinzipiell ist jeder Heilvorgang ein Hineinnehmen des Lichtes der geistigen Sonne in den physischen Leib. Wenn du dieses Licht anrufen kannst — dann atme es ein, und lebe bewußt in ihm, denn es wird tatsächlich die Zellen deines physischen Körpers beeinflussen. So schwer ist der Körper, so stark das materielle Leben, daß du vergißt, die Macht Gottes anzurufen, um Gewebe und Zellen deines Körpers neu zu erschaffen.

WENN SICH SCHATTEN UM DICH DRÄNGEN

Als Diener Christi darf dir der Mut nie mangeln. Mutlosigkeit ist eine Versuchung, denn die Schatten bedrängen und verführen dich, dein Vertrauen zu verlieren, zu ermüden und zu sagen: „Ich bin nichts wert". Sie flüstern dir zu, du habest einen, wie du es nennst, Minderwertigkeitskomplex. Zweifle niemals, daß die Macht Gottes durch dich wirken kann. Minderwertig von dir zu denken hieße, an Gottes Macht zu zweifeln.

ERWARTE DAS BESTE

Verzweifle nicht. Verharre nicht bei der negativen Betrachtung irgendeiner Situation, denn es hilft dir nichts. Setze stets aufbauende Kräfte in Bewegung. Glaube, daß das Gute kommen wird, daß das Beste naht — und es kommt. Wir werden dich nie im Stich lassen. Auch wir sind Gottes Kinder und außerdem Seine Boten. Wir lassen dich niemals im Stich, mein Bruder.

DER ODEM DES LEBENS

Entspanne Körper und Gemüt und atme tief und langsam. Während du einatmest, stelle dir vor, wie jeder Teil deines Wesens von Gottes Odem erfüllt wird. In dem Maße, wie die Liebe Gottes Herz und Gemüt durchströmt, wird jede Zelle und jedes Atom deines Lebens mit vollkommenem Leben erfüllt.

DIE EINZIGE REALITÄT

Sei glücklich, sei erfüllt mit Freude und blicke vorwärts ins Licht. Lebe und bewege dich in diesem goldenen, ewig strahlenden Licht und wisse, daß dich nichts verletzen kann. Die einzige Realität ist Licht, ist Gott, ist Liebe.

DIE MEISTERSEELE VERZEIHT ALLES

SELIG SIND DIE SANFTMÜTIGEN

Glaube an Gott und habe Vertrauen. Wenn du weißt, daß du rebellisch warst, bitte demütig um Vergebung — dann sei freundlich und liebenswürdig. Des Menschen einzige freie Wahl ist nicht, ob er hierhin oder dorthin gehen soll, sondern ob er entweder seine Erfahrungen in Liebe und Demut annehmen wird, oder ob er sie rebellisch, ärgerlich und voll emotionsgeladener Gefühlsausbrüche ablehnt. Bemühe dich zur Christusreife heranzuwachsen.

WIE MAN KARMA UMWANDELN KANN

Wir kommen, um euch zu helfen. Eine Hoffnung, ein Gedanke, ein Gebet von euch — und wir sind da. Den freien Willen aber können wir euch nicht nehmen und dürfen euch auch nicht der Erfahrung berauben. Wir können euch nicht von der karmischen Schuld befreien. Ihr müßt die Schuld, die ihr verursacht habt, begleichen und euch willig der unendlichen Liebe Gottes hingeben. Wir dürfen euch versichern, daß dann euer Karma durch die Liebe Christi gemildert werden kann. Ihr könnt eure Lektionen frohgemut erlernen. Das ist die Art und Weise, wie man sein Karma umwandelt. Sobald ihr eure Lektionen gelernt habt, wird das Karma hinfällig und existiert nicht mehr.

IN ZEITEN VON SPANNUNG UND SCHWIERIGKEIT

Möge es dich in Zeiten von Spannung und Schwierigkeiten trösten, wenn wir dir sagen, wie sehr es sich lohnt, alles was du erleidest und erduldest und die Selbstdisziplin, die du dir auferlegst, zu ertragen. Es ist nicht umsonst, denn es trägt dich vorwärts und aufwärts in das herrliche, glückliche und vollkommene Leben. Gehe hoffnungsvoll und mutig voran, wissend, daß du durch dein vergangenes Karma in die heutige Lage gekommen bist. Die Gelegenheiten, die dir jetzt geboten werden, solltest du dankbar entgegennehmen. Warte stets auf Gott, und der Weg wird dir in deinem Innersten gezeigt werden. Wir sind bei dir und wachen über dich. Wir sind eine große Bruderschaft — alle in einem und einer in allen.

SEI GEDULDIG, HABE GLAUBEN

Wir kennen die Sorgen und Schwierigkeiten des materiellen Lebens, mein Freund, eines Lebens, das in einem physischen Körper verbracht wird, dem heute noch die Schönheiten von Gottes herrlichen Welten verborgen sind. Wir wissen, wie schwer es ist, dem schattigen Pfad zu folgen. Du wanderst in der Dunkelheit, um die Umweltbedingungen, in denen du dich befindest, hinzunehmen. Vertraue aber trotzdem der Liebe Gottes. Wir wissen, daß es nicht leicht ist. Doch habe Geduld und Glauben und zweifle nicht, daß alles zum Guten ineinander wirkt. Zweifle nie an der Macht, der Weisheit und der Liebe Gottes.

DAS GESETZ IST VOLLKOMMEN, GERECHT UND WAHR

Versuche nicht dein sogenanntes Recht zu erkämpfen. Wisse, daß Gott die Dinge nach einem genauen Plan regelt — und Friede wird in dein Herz einkehren. Sei nicht aufgeregt, wenn die Dinge schwierig werden — sondern sei ruhig.

NIMM IN LIEBE AN

Wir empfehlen dir, nicht nur deinen Nächsten zu lieben, sondern auch die Umstände deines Lebens. Trage keinen Groll in dir. Nichts geschieht außerhalb der göttlichen Ordnung oder zufällig. Das göttliche Gesetz bringt diejenigen Umstände in dein Leben, die du benötigst, um heranzureifen. Nimm daher alles, was geschieht, in Liebe an. Halte Ausschau nach dem, was du aus deinen Erfahrungen erlernen kannst. Schaue täglich, ja stündlich auf Gott und lasse dich mit göttlichem Licht und göttlicher Liebe erfüllen. Es strömt wie goldene Strahlen in dein Herz- und Kopfzentrum, reinigt, heilt und hebt dich empor, gibt dir seelisches Gleichgewicht und Selbstkontrolle.

SEI WEITBLICKEND

So vieles in den zwischenmenschlichen Beziehungen kannst du nicht verstehen. Oft mußt du das, was dir ungerecht erscheint, erdulden. Doch diejenigen in der geistigen Welt, die größeren Überblick haben, werden dir versichern, daß alle krummen Wege geebnet und alle Ungerechtigkeiten ausgeglichen werden.

ANWEISUNGEN VON GOTT

Sei nicht entmutigt. Lerne, von nichts und von niemandem enttäuscht zu sein. Du bist enttäuscht, weil dein Wille und deine Wünsche unerfüllt geblieben sind. Lerne, dich dem göttlichen Willen unterzuordnen, denn Sein Wille ist allweise. Warte daher auf die Anweisungen von Gott, indem du lernst, den Pfad weise und gelassen zu wandeln.

HINGABE

Für das niedere Selbst ist es nur allzuverständlich, wenn es Schmerz und Leid scheut. Kannst du dich aber Gott derart hingeben, daß dabei dein Herz in Liebe überfließt, weil es Gottes weisen Plan angenommen hat, dann kannst du wahre Fortschritte machen und wirst von tiefem Frieden erfüllt, der mehr ist, als die Welt dir bieten kann.

GOTT IRRT SICH NICHT

Gott läßt Seine Kinder nie im Stich. Suche nicht nach Dingen, die deinen Wünschen entsprechen, oder nach Umständen, die deinem irdischen Willen angepaßt sind. Habe vielmehr Vertrauen, daß Gott dich auf den Pfad führt, der letztendlich dein Glück bedeutet.

WENN DU BEREIT BIST

Lerne dich unter den Willen Gottes zu beugen und sei dir bewußt — alles hat seine von Gott festgesetzte Zeit. Gott ist unendlich viel weiser als Seine Kinder, und Sein Plan ist vollkommen. Sinn und Zweck deines Lebens ist geistiges Wachstum und Entfaltung. Wenn du bereit bist, wird dir das, was für dich vorgesehen wurde, zu Füßen gelegt.

WARTE GEDULDIG

Sei ruhig mein Bruder, sei still und warte auf das Zeichen, das dir den Weg weist. Du kannst nicht fehlgehen, wenn du dies tust. Solltest du aber blindlings vorwärts stürmen, könntest du gegen ein scharfes Hindernis stoßen, das dir Schmerz bereitet. Das ist die Ursache menschlichen Leidens. Bis der Mensch gelernt hat, geduldig auf den Herrn zu warten, wird er leiden.

GOTT WIRD ETWAS SCHÖNERES BRINGEN

Wenn du gezwungen bist, etwas aufzugeben, wenn Gott dir gewisse Dinge entzieht, dann ist es, weil du verzichten lernen mußt. Wisse im Innersten, daß ER in Seiner großen Liebe etwas Schöneres in dein Leben bringen will.

DEIN WILLE, HERR

Gott hält den Plan in Seiner Hand mein Freund, immer ist es Gott, der den Plan hält — nicht du. Wenn es Dinge gibt, die nicht nach deinem Kopf gehen, lehne dich nicht auf, sondern füge dich. Das heißt nicht, du sollst deine Verantwortung vernachlässigen. Es heißt vielmehr, wenn du alles nach besten Kräften getan hast, darfst du das Übrige in Gottes Hände legen. Ziehe deine Hände zurück und überlasse es Seinem Willen, den Rest zu tun.

RICHTIGES BETEN

Gewöhnlich bitten die Menschen Gott um das, was sie selber wollen. Lieber Gott, gib, gib, gib! Gib mir Gesundheit, Glück und das, was ich zum Leben brauche. Gib mir alles, was ich haben möchte, lieber Gott, und dann will ich tun, was du willst. Wieviel besser wäre es zu beten: Lieber Gott, ich gebe mich ganz Dir. Tue mit mir nach Deinem Willen.

WOHL GETAN, KLEINER BRUDER

Schmerz und Leid kommen so oft zu dir, weil du dich an etwas klammerst, das offensichtlich nicht mehr sein soll. Zeigst du aber, daß du zu verzichten bereit bist, bekommst du neue Gelegenheiten und größeren Segen. Man könnte sagen, des Meisters Hände ruhen dann auf des Schülers Haupt, indem er sagt: Wohl getan, kleiner Bruder.

FREUE DICH ÜBER DEIN KARMA

Karma, mein Freund, bedeutet ungelernte Lektionen. Solchen Lektionen mußt du mit ruhigem Gemüt ins Auge blicken. Freue dich über dein Karma. Danke Gott für die Gelegenheiten, die sich dir bieten, jene Lektionen zu lernen und dein Karma abzutragen. Es sind Stufen, auf welchen du in den Großen Weißen Tempel gelangst.

DU SEHNST DICH NACH LICHT

Du bittest ernsthaft darum, daß deine Probleme von dir genommen werden, denn du sehnst dich nach Licht und Seligkeit. Kannst du nicht erkennen, daß es der Disziplin in deinen äußeren Umständen bedarf, um dir die Augen zu öffnen und dein Gefühl für himmlische Dinge zu wecken? Du kannst weder fühlen noch sehen, bevor du durch dieses Disziplintraining hindurchgegangen bist. Deshalb danke Gott für die Prüfungen und das Herzeleid, die deine Seele in der Disziplin schulen, bis sie fähig wird, die Schönheit des himmlischen Lebens zu verstehen und aufzunehmen.

VERZICHT

Die starke Seele, in welcher die Flamme hell brennt, wird jeglichen Verzicht ruhig, freudig und mit philosophischer Gelassenheit hinnehmen. Sie weiß, daß das, was sie verliert, seinen Zweck erfüllt hat, und daß nun etwas Besseres auf sie wartet. Sie kann nicht wissen, ob dieses Bessere auf der materiellen oder auf der geistigen Ebene liegt. Lerne dein Kreuz mit Ruhe zu tragen, wissend, daß aus der Asche der Vergangenheit neues Leben geboren wird.

DIE MEISTERSEELE IST GEDULDIG UND VERTRAUT GOTTES WEISEM PLAN

SEI BEREIT

Sei jederzeit bereit, den Willen Gottes anzunehmen und den Weg zu gehen, den ER dir zeigt. Du weißt, daß es keinen anderen Weg für dich gibt. So folge ihm und vertraue dem großen, herrlichen Geist.

LEGE DAS ÜBRIGE IN GOTTES HAND

Gottes Gesetz arbeitet fehlerlos. Hast du dein Bestes getan, übergib das Übrige Seiner Gnade, Weisheit und Liebe. Denke nie, daß *du* es bist, der weiß, was für dich gut ist. Gott allein weiß es und ER gibt dir das, was du benötigst. Sei demütig, sei geduldig und vertraue!

ÜBERLASSE GOTT DIE AUSWIRKUNG

Denke dir das Leben als ein großes Ganzes. Der Begriff des Unendlichen geht über dein Vorstellungsvermögen, doch die nachstehende einfache Tatsache kannst du verstehen: Ein Gebet, ein Gedanke, ein uneigennütziger Wunsch an die Himmlischen ist nie verloren. Im gleichen Augenblick, in welchem du diesen Kontakt durch Gebet oder Meditation herstellst, kommen Engel, um dir zu helfen, deinen guten Vorsatz auszuführen. So wird dein Gebet erhört. Es mag sein, daß es nicht so erhört wird, wie du es dir gewünscht hast, möglicherweise aber besser, als du ahnst, wenn du die Auswirkung deines Gebetes Gott und Seinen Engeln überläßt.

DIE VON GOTT BESTIMMTE STUNDE

Alles geschieht zur rechten Zeit, zu der von Gott bestimmten Stunde. Ihr auf Erden kennt nicht immer diese Stunde. Doch wer der Stimme des Geistes folgt und geduldig auf ein klares Signal zum Handeln wartet, der wird richtig geführt werden.

LEBE GELASSEN IN GOTT

Geduldig sein bedeutet, Vertrauen in Gott zu haben und die Gewißheit besitzen, daß ER für dich sorgt. Gott, der große Reine Geist, ist um dich und in dir und arbeitet für deine Seele einen weisen, herrlichen Plan aus. Lebe nicht in dem Gefühl, du müßtest möglichst rasch an ein bestimmtes Ziel gelangen. Lebe vielmehr gelassen jede Stunde, jeden Tag in der schützenden Liebe Gottes. Nimm die Stunden wie sie kommen und tue eines nach dem anderen still und ruhig.

ZWEIFLE NIE

Überlasse dich Gott und liebe IHN mit ganzem Herzen, ganzer Seele und ganzem Gemüt. Zweifle nie an Seiner Weisheit, und es werden Wunder geschehen, nicht nur an deinem Körper, sondern auch in deinem Leben und in deiner Arbeit.

DAS WIRKEN GOTTES

Alles ist eine Frage der Unterordnung und der Hingabe, wie man sein Leben ruhig und gelassen hinnimmt. Das soll nicht der Trägheit Vorschub leisten. Es bedeutet vielmehr Anstrengung im richtigen Sinn, nämlich unermüdliche Anstrengung, damit das Christuslicht des Menschen Fühlen, Denken und Handeln beherrsche. Es bedeutet auch zur Seite zu stehen und zu sagen: „Nur Gott ist groß. Ich bin nichts. Alles Gute, das in meinem Leben erreicht wurde, ist das Werk Gottes".

ALLES IST GUT

Wisse ohne den geringsten Zweifel, daß Gott die Liebe ist, und daß alles zum Guten ineinanderwirkt, für denjenigen, der Gott liebt. Beobachte in deinem eigenen Leben und im Leben der ganzen Menschheit, wie das göttliche Gesetz wirkt. Halte stets Ausschau nach dem Guten, nach Gott, und du wirst entdecken, daß Gottes große Liebe mit der Entwicklung des Menschen eine weise und wundervolle Absicht verfolgt.

VERBORGENER SEGEN

Hinter jedem dunklen Geschehen, hinter jeder Schwierigkeit liegt ein verborgener Segen. Der Mensch muß Glauben und Vertrauen in Gott entwickeln. Er soll wissen, daß im rechten Moment, zu der von Gott bestimmten Stunde, das Wunder geschehen wird, das Dunkel von ihm weicht und der strahlende Engel auf ihn wartet. Hinter allem steht die Herrlichkeit des göttlichen Lebens — die göttliche Magie, welche jegliches Geschehen im Leben durchstrahlt.

FOLGT DEM LICHT IN EUREM HERZEN

Glaubt nicht, daß wir eure Enttäuschungen, Schwierigkeiten und Ängste, die euch peinigen, nicht kennen. Wir wissen, daß ihr Prüfungen bestehen müßt. Wir wissen, daß eure Körper nicht immer so widerstandsfähig und vollkommen sind, wie sie sein könnten. Wir wissen auch, daß die Umweltbedingungen in eurem Leben verdrießlich sein können. Sind wir doch so sehr mit euch verbunden, meine Freunde, daß wir eure Gefühle spüren. Wir kennen eure Probleme und Schwierigkeiten, doch wir versichern jedem einzelnen von euch, daß, wenn ihr dem Licht in eurem Herzen treulich folgt, alles gut sein wird.

LACHE EINFACH

Wenn etwas schief geht — dann lache ganz einfach. Laß ihm seinen Lauf, laß es gehen. Doch halte deinen Blick auf Gott gerichtet und wisse, daß alles in Ordnung kommt und gut wird. Das ist die Wahrheit.

KEIN SPATZ FÄLLT VOM DACH

Fürchtest du dich vor Armut? Hast du Angst, die Notwendigkeiten des Lebens entbehren zu müssen? Wer kleidet und nährt dich, mein Freund? Niemand anders als Gott. ER wird dich nie im Stich lassen, sofern du dich Seinem Leben einordnest und dich Seiner Liebe und Weisheit anvertraust. ER kennt deine Bedürfnisse und gibt dir was du brauchst von Seinem Vorrat. Du aber hast dich von Seiner Vorratskammer abgewandt, weil du vergessen hast, daß Er allein die Quelle deines geistigen, seelischen und materiellen Lebens ist.

ALLES WIRKT ZUSAMMEN ZUM GUTEN

Nicht alles kommt so ,wie du es geplant hast. Halte dir aber stets vor Augen, daß Gottes Weg der richtige ist. Alle Dinge wirken ineinander zum Guten für den Menschen, der Gott liebt. Das muß so sein, denn er steht in Einklang mit Gott, und dann ist alles gut.

SUCHE ZUERST DAS HIMMELREICH

Habe weder Furcht noch Sorge. Lege dein Leben und all deine Tätigkeit in die Hand Gottes. Suche zuerst das Königreich des Himmels. Suche den Abendmahltisch und stärke dich im Herzen für das, was vor dir liegt. Wenn du Gott vertraust, fließt Seine Liebe in dein ganzes Wesen und in all deine Pläne — und Friede zieht ein in dein Herz.

GOTTES WEISHEIT

Zurückblickend, wenn man sieht, wie gut sich alles entwickelt hat, ist es leicht zu sagen: „Wie konnte ich nur zweifeln?" Solange aber noch alles im Fluß ist, mußt du dein Vertrauen der göttlichen Weisheit, die dein Leben lenkt, entgegenbringen. Wenn du alle Erfahrungen gemacht und die Früchte gekostet hast, die auf dem Tische Gottes ausgebreitet liegen, erkennst du, daß nichts hätte geändert werden dürfen. Hättest du andererseits deinen Willen durchgesetzt, wären Chaos und Leiden entstanden. Gott aber in Seinem Erbarmen schützt dich.

SEI TRÄGER DER FREUDE

Mein Freund, gestatte dir keinen Pessimismus! Du bist Träger der Freude und darfst daher über die Welt weder niedergeschlagen noch betrübt sein. Die Menschheitsentwicklung geht ständig vorwärts. Sieh' immer nur den Fortschritt, das Schöne und das Gute.

WIR VERSTEHEN EUCH

Wir kennen und verstehen die Nöte und Schmerzen eures sterblichen Lebens. Weil wir euch verstehen, bitten wir euch, danach zu streben, euren Willen und eure Wünsche dem Willen Gottes unterzuordnen, wohl wissend, daß im Leben des Menschen nichts zufällig geschieht. Alle Begebenheiten folgen einem bestimmten geistigen Gesetz. Weil ihr den Weg, den ihr gehen müßt, nicht weit genug überblicken könnt, werdet ihr von Furcht und Bangigkeit übermannt. Gott kennt eure Bedürfnisse und Seine Engel sind unaufhörlich in der Erdensphäre tätig, die Menschheit zu segnen und emporzuheben. Alles, was sie für eine Zusammenarbeit brauchen, ist die Liebe des Menschen.

FÜRCHTE NIE

Fürchte nie den Weg, der vor dir liegt. Wie Gott dein ganzes Leben lang über dich wachte und dich trotz deiner Ängste durch alle Nöte und Prüfungen deines Lebens brachte, so wird ER dich auch durch die größte Dunkelheit ins Licht führen.

DIE LÖSUNG

Wir können so zuversichtlich über die Lösung aller menschlichen Probleme reden, weil wir wissen, daß ein göttliches Gesetz alles Leben regiert. Dieses Gesetz ist vollkommen in seinen Auswirkungen. Sein Sinn und Zweck ist es, alle Menschen, ja die ganze menschliche Familie ins Gott-Bewußtsein zu erheben. Blickt nicht zurück, es sei denn, um zu sagen: Wie schön ist doch der Pfad, den ich gehen durfte. Trauert nicht der Vergangenheit nach. Ihr schreitet auf diesem Pfad voran, um erneut das Glück zu finden — und diesmal ein größeres Glück.

SEI DANKBAR

Konzentriere dein Leben auf das Leben und die Herrlichkeit Christi und du wirst dich nie mehr vor irgendetwas fürchten. Sei dankbar, denn auch die Dankbarkeit vertreibt die Furcht aus deinem Herzen. Sei dankbar und sei dir bewußt, daß der VATER im Himmel weiß, was du brauchst, und alles was du brauchst, fließt dir zu.

GLÜCK

Glück ist das Gott-Bewußtsein im Herzen. Glück ist das Resultat von Ehrerbietung, Danksagung, Glaube und Hinnahme, ist die ruhige, stille Verwirklichung der Liebe Gottes. Das bringt der Seele vollkommenes und unbeschreiblich großes Glück.

Gott ist Glückseligkeit

WHITE EAGLE BÜCHER

WER IST WHITE EAGLE (von Walter Ohr)
48 Seiten, DM 10.-

IN DER STILLE LIEGT DIE KRAFT (The quiet mind)
Auslese der markantesten Worte von White Eagle
55 Seiten, DM 12.-

WUNDER DES LICHTES (Morninglight)
Über das Woher, Wohin und Warum des Menschen
64 Seiten, DM 12.-

DAS LEBEN JENSEITS DER TODESPFORTE (Sunrise)
Ein Buch, das Trost spendet und wahres Wissen vermittelt
64 Seiten, DM 12.-

GEBETE IM NEUEN ZEITALTER (Prayer in the new age)
Gebete und Invokationen
96 Seiten, DM 14.-

WEISHEIT VON WHITE EAGLE (Wisdom from White Eagle)
Vermittelt das Weltbild des neuen Zeitalters und erklärt das geistige Gesetz und seine Auswirkungen
96 Seiten, DM 14.-

UNSER GEISTIGER BRUDER SPRICHT (The gentle Brother)
Geistige Ratschläge für den Alltag
80 Seiten, DM 14.-

NATURGEISTER UND ENGEL (Spirtual Unfoldment II)
Das verborgene Leben der Naturgeister und Engelwesen
84 Seiten, DM 14.-

DIE GOLDENE ERNTE DER LIEBE (Golden Harvest)
Der Weg der geistigen Erfüllung
64 Seiten, DM 14.-

DIE VIER GROSSEN EINWEIHUNGEN (The Path of the Soul)
Wege zu einer inneren Wirklichkeit
88 Seiten, DM 14.-

DER WEG ZUM HÖHEREN SELBST (Spiritual Unfoldment III)
Ein Wegweiser zu den inneren Mysterien
96 Seiten, DM 16.-

MEDITATION (Meditation)
Theorie und Praxis der White Eagle-Meditation
120 Seiten, DM 19.80

DER GEISTIGE PFAD (Spiritual Unfoldment I)
Geistige Entwicklung und Entfaltung der Seelenkräfte des Menschen
128 Seiten, DM 19.80

DIE STILLE DES HERZENS (The Still Voice)
Ein Buch für stille Stunden
112 Seiten, DM 18.-

WARUM? (Joan Hodgson)
Ein White Eagle Buch über den Sinn des Erdenlebens
136 Seiten, DM 19.80

MIT WHITE EAGLE DURCH DAS JAHR
Auslese der markantesten Worte von White Eagle
128 Seiten, DM 19.80

GEISTIGE JAHRESZEITEN (The Way of the Sun)
Die spirituelle Bedeutung der Jahreszeiten
120 Seiten, DM 19.80

LICHTWEGE
112 Seiten, DM 19,80

DAS JESUS BUCH
152 Seiten, DM 19,80

DAS GROSSE WHITE EAGLE HEILUNGSBUCH
(The White Eagle Lodge Book of Health and Healing)
176 Seiten, DM 32.-

DIE WHITE EAGLE HEILUNGSPRAXIS
Das große White Eagle Heilungsbuch Bd. 2
312 Seiten, DM 38.-

DAS GROSSE ASTROLOGIE BUCH
240 Seiten, DM 38.-

DIE VERBORGENE WEISHEIT DES
JOHANNES EVANGELIUMS
240 Seiten, DM 38.-

White Eagle

Die vier großen Einweihungen

Der Pfad des Menschen, wenn er sich auf der „Suche nach Wahrheit“ befindet, führt durch bestimmte Prüfungen und innere Erfahrungen – die sogenannten Einweihungen.

Diese können große, dramatische Veränderungen bewirken, sie können aber auch mittels kleiner und kaum merklicher Schritte vonstatten gehen.

White Eagle beschreibt in diesem neuen Juwel aus der Schatzkammer der White Eagle-Gemeinschaft die großen und kleinen Lebensprüfungen aus der Sicht einer Meisterseele. Mit seiner unnachahmlichen Güte und Weisheit erklärt er die verborgenen Zusammenhänge des Daseins und weist Wege zu einer inneren Wirklichkeit.

ISBN 3-922936-56-3

White Eagle

Vom Leben jenseits der Todespforte

In diesem Büchlein schildert White Eagle, was den Menschen, wenn er seine physische Hülle abgestreift hat, in der jenseitigen Welt des Lichts erwartet. Für die Trauernden und all jene, die den Tod und die Trennung fürchten, bringt der Autor Trost und die Gewißheit, daß das Leben weitergeht.

Dem Leser wird ferner gezeigt, wie er mit jenen, die hinüber gegangen sind, eine seelische Verbindung herstellen kann. Durch seine richtige Einstellung zum Tod – dem Leben nach dem Leben, baut sich der Zurückgebliebene eine unsichtbare Brücke, welche die irdische Welt mit der himmlischen verbindet.

ISBN 3-922936-27-X

White Eagle

Goldene Ernte der Liebe

Auf dem geistigen Pfad warten immer wieder Prüfungen, die dem Suchenden alles abverlangen. Manchmal scheint er völlig allein zu stehen, in der „Nacht der Seele“. In dieser Zeit der Erprobung gilt es standhaft zu bleiben, bis die Sonne eines neuen Morgens aufleuchtet und eine „goldene Ernte“ wartet.

White Eagle beschreibt in diesem Buch die einzelnen Stationen, die den Tagen der Ernte vorausgehen. Er führt seine Schüler auf dem „Pfad des Lichtes“, wo die Brüder und Schwestern aus lichten Welten mit ihrer inspirierenden Kraft schon auf die Rückkehr ihrer Geschwister warten. Der Leser lernt, in die innere Stille einzutreten und die geistige Führung im Herzen wahrzunehmen. Jene Stille, in der die göttliche Liebe auf dem Altar der Seele geboren wird.

Mit dem Moment dieser Neugeburt erwirbt der Jünger göttliche Gaben, um sich und andere zu verwandeln, bis am Ende der große Triumph der Liebe steht und die Rose auf dem Kreuz erblüht.

ISBN 3-922936-38-5

White Eagle

Wunder des Lichts

Auf schlichte Weise belehrt uns White Eagle über den Sinn und Zweck des Lebens auf Erden. Er schildert, wie der Mensch von den höchsten Sphären des Lebens in die Beschränkung der Inkarnation auf die Erde absteigt um Erfahrungen zu sammeln und, durch diese Erfahrungen bereichert, zuguterletzt ein leuchtendes Wesen zu werden. Das Streben nach Licht, die Wunder, welche die großen Eingeweihten vollbringen können, das Geheimnis von Gesundheit und strahlender Kraft, der Pfad des Dienens und der Bruderschaft, die Kontinuität des Lebens im Jenseits sind Themen dieses Büchleins.

Hinter allem Geschehen auf Erden, im Leben der Nationen und des Einzelnen, steht ein großer, göttlicher Plan, der den Menschen auf seinem Entwicklungspfad zur Vollkommenheit führt.

ISBN 3-922936-13-X

White Eagle

Geistige Jahreszeiten

Noch immer wandert der Mensch der modernen Industriegesellschaft mehr oder weniger unbewußt durch das Jahr. Die Feste und Feiertage werden als willkommene Unterbrechung des Alltagsstresses begrüßt, doch innere – geistige – Bedeutung ist weitgehend verlorengegangen.

WHITE EAGLE öffnet dem Leser, in seiner unnachahmlichen Weisheit und Güte, erneut die Augen für den „geistigen Jahreslauf", für die tiefe spirituelle Bedeutung der Jahreszeiten und der religiösen Feste. Er zeigt die uralten mystischen Traditionen des Naturerlebens auf, die mit Beginn des Christentums neue Gewänder erhielten. Das Erdenjahr gewinnt somit eine völlig neue Dimension und Innerlichkeit.

Dieses Buch sollte auf jedem Nachttisch liegen, als Inspiration für den Alltag und als Botschafter und Künstler der Allgegenwart Gottes in allem Leben.

ISBN 3-9229326-79-2

Mit White Eagle durch das Jahr

Vor vielen Jahren wurde von den Freunden WHITE EAGLES der Wunsch geäußert, die Essenz seiner Lehren in einer kleinen Schrift zu veröffentlichen – so entstand das Büchlein „In der Stille liegt die Kraft“. Niemand konnte zu diesem Zeitpunkt ahnen, welchen Siegeszug es antreten würde. Inzwischen in alle großen Weltsprachen übersetzt, zählen die Menschen nach Hunderttausenden, die aus diesem Weisheitsquell schöpfen durften.

Mit dem vorliegenden Buch wird diesem Schatz eine neue Perle hinzugefügt. „Mit WHITE EAGLE durch das Jahr“ enthält, wie „In der Stille liegt die Kraft“, grundlegende Aussprüche und Lehren von WHITE EAGLE, die als unbezahlbarer Wegbegleiter durch den Alltag für jeden Sucher dienen können.

Auch das vorliegende Buch können Sie zur Hand nehmen, um einen Leitgedanken für den Alltag daraus zu schöpfen, eine Inspiration, um ein Problem zu lösen. Sie können es aufschlagen, wie ein Orakel, um – geleitet von Ihrem höheren Selbst – die Antwort auf eine Sie bewegende Frage zu finden.

ISBN 3-922936-71-7